新版
スヌーピーた　　　　　　　内

PEANUTS GUIDE TO LIFE
Wit and Wisdom from the World's Best-Loved Cartoon Characters

チャールズ・M・シュルツ　谷川俊太郎＝訳
by SCHULZ

主婦の友社

スヌーピーたちの人生案内

PEANUTS GUIDE TO LIFE

Wit and Wisdom from the World's Best-Loved Cartoon Characters

装幀：坂川栄治 ＋ 永井亜矢子（坂川事務所）

TABLE OF CONTENTS

FOREWORD
はじめに

人生相談というのがありますよね。新聞、雑誌、テレビなどでは、相談する人はだいたい巷の無名の人で、答えるのは人生経験豊かな有名人と決まっています。ぼくはそういう記事や番組を読んだり見たりするのが好きなんです。ぼくなんかが及びもつかないような深い答えかた、思わず笑ってしまうようなユーモアあふれる答えかた、いろんな人たちのいろんな答えが、ぼくにとってはそのまま人生勉強になります。

『ピーナッツ』の作者シュルツさんは、人生相談の回答者ではありませんが、鋭く深い感性の人でしたから、漫画の中におのずから自分の経験から生まれた人生の知恵が現れてきています。それを彼自身のことばとしてではなく、漫画の登場人物の口を借りて言わせているところに、他の人生相談とは一味違った面白さがあります。

　へえ、あの意地悪ルーシーもたまにはいいこと言うじゃないか、あるいは負け犬チャーリー・ブラウンにはこんな悟ったところがあるのかなどと、ひとりひとりのキャラク

4

ターに重ねてことばを読むことで、ことばの意味がより深まってくるのです。シュルツさん自身に、悩みに答えを出してやろう、人生とはこういうものだと教えてやろう、というような思い上がりが皆無だったことが、この『人生案内』を温かいものにしていると思います。

　原題は『GUIDE TO LIFE』というので、ぼくはそれを普通使われている『人生案内』という日本語に当てはめましたが、実はLIFEという英語と人生という日本語のあいだには微妙な違いがあるような気がしています。ライフは即物的に生命、生活、活気などを意味しますが、人生はそれに比べるともうちょっと演歌的にウエットな感じがします。そういう文化の違いを考えることも、この本を見て読む楽しみのひとつでしょう。

　ぼくが『ピーナッツ』を訳し始めてから、気がついてみたらもう40年たっています。シュルツさんに会うことはもうできませんが、彼の哲学者のような思慮深いたたずまい、静かな話しぶりは今でも記憶に鮮やかです。彼は一生を通じて人間とは何か、人はいかに生きるべきかを考え続けた人だと思います。

谷川俊太郎

Life Philosophy
人生

いかに生きるかについて
のレポートです…

最善の生きかたは一回に
一日ずつ生きること…

もし一度に七日生きよう
としたら、知らない間に
一週間が終わってしまい
ます…

"LIFE IS LIKE AN ICE CREAM CONE...
YOU HAVE TO LEARN TO LICK IT!"

Charlie Brown

"人生ってソフトクリームみたいなもんさ…
なめてかかることを学ばないとね！"

チャーリー・ブラウン

"AS SOON AS A CHILD IS BORN,
HE OR SHE SHOULD BE ISSUED
A DOG AND A BANJO..."

Charlie Brown

"子どもは生まれたらすぐ、
犬とバンジョーを支給されるべきです…"

チャーリー・ブラウン

"THEY SAY IF YOU BECOME
A BETTER PERSON, YOU'LL HAVE
A BETTER LIFE. . ."

Charlie Brown

"より良い人間になると、暮らしも良くなるって言うよ…"

チャーリー・ブラウン

"IF YOU TRY TO BE A BETTER DOG,
SOMETIMES YOU GET AN
EXTRA COOKIE. . ."

Snoopy

"より良い犬になるように努めると、
クッキーひとつおまけにもらえることもある…"

スヌーピー

"I HAVE A PHILOSOPHY THAT HAS BEEN REFINED IN THE FIRES OF HARDSHIP AND STRUGGLE. . . 'LIVE AND LET LIVE!'"

Lucy

"困難と闘争の火によって
純化されてきた私の哲学…'相身互い'"

ルーシー

"A LIFE SHOULD BE PLANNED INNING BY INNING"

Peppermint Patty

"人生はイニング、イニングごとに計画しなきゃ…"

ペパーミント パティ

Confidence
確　信

犬を綱引きに勝たせ
るのは、自信をつけ
るのに役立つってか
いてあるよ

ぼくに勝たせてく
れるってこと？

このアホ犬め!!

"IT'S BETTER TO LIVE ONE DAY AS A LION
THAN A DOZEN YEARS AS A SHEEP."

Snoopy

"羊として12年を生きるよりは、
ライオンとして1日を生きるがまし"

スヌーピー

"IF EVERYBODY AGREED WITH **ME**,
THEY'D ALL BE RIGHT!"

Lucy

"もしみんなが**わたし**に賛成したら、
それでみんなOKよ！"

ルーシー

"KEEP LOOKING UP. . .
THAT'S THE SECRET OF LIFE. . ."

Snoopy

"上を見続ける…
それが生きるコツさ…"

スヌーピー

"WHEN YOU GO SOME PLACE NICE, YOU
SHOULD ALWAYS SHINE YOUR FEET!"

Snoopy

"どこかいい所へいくときには、
ちゃんと足をみがかなくちゃね！"

スヌーピー

"'ALL IS WELL'... THAT'S MY
NEW PHILOSOPHY..."

Sally

"「すべて事もなし」…これが私の新しい哲学よ"

サリー

Self-Care
自助

図書館の夏季読書会に
申し込みました…

神はあんたが図書館に
座ってるために太陽を
創ったんじゃないわ、
マーシー

私が思っている以上
に、神学に詳しいんで
すね

"SOMETIMES ALL WE NEED IS
A LITTLE PAMPERING TO HELP
US FEEL BETTER..."

Linus

"ときにはいい気分になるために
ちょっと自分を甘やかすことも
必要だね"

ライナス

"INSULATE THE OL' ATTIC!"

Snoopy

"屋根裏は断熱してやらなくちゃね！"

スヌーピー

"MOST PSYCHIATRISTS AGREE THAT
SITTING IN A PUMPKIN PATCH
IS EXCELLENT THERAPY FOR
A TROUBLED MIND!"

Linus

"カボチャ畑にすわっているのは
悩める心にとって非常にいい治療法だと
ほとんどの精神科医の意見は一致してるよ！"

ライナス

Self-Reliance
自 信

靴ひもを結ぶのを子ども
はどうやって覚えるの
か、分からないね…

ほんとに簡単なんだ…、
少しするとほとんど自動
的になる…

考えさえしなけりゃね!!

"IF YOU WANT SOMETHING DONE RIGHT, YOU SHOULD DO IT YOURSELF!"

Snoopy

"もし何かをちゃんとやりたいんなら、自分でやるべきだよ！"

スヌーピー

"WELL FROM NOW ON, LINUS,
THINK FOR YOURSELF . . . DON'T TAKE
ANY ADVICE FROM ANYONE!"

Charlie Brown

"さてこれからはね、ライナス、
自分で考えるんだ…誰にも
アドバイスなんかさせるなよ！"

チャーリー・ブラウン

44

"WHO CARES WHAT OTHER PEOPLE THINK?"

Sally

"他の人たちがどう思おうと関係ないでしょ？"

サリー

"YOU CAN'T BELIEVE EVERYTHING
YOU HEAR, YOU KNOW. . ."

Schroeder

"話だけじゃあてにならないよ、そうだろ…"

シュローダー

People Skills
手 腕

依頼人の事情を訊く時、くつろが
せるために何か特別なことをする
んですか？

風船をやるんだ

"IF YOU CAN'T BEAT 'EM, COOPERATE 'EM TO DEATH!"

Charlie Brown

"もしやつらに勝てないんなら、
死ぬまでやつらに協力するんだね！"

チャーリー・ブラウン

"IN FIRST-AID CLASS I LEARNED
THAT IF YOU HAVE OFFENDED SOMEONE,
THE BEST TREATMENT IS TO APOLOGIZE
IMMEDIATELY..."

Marcie

"救急法のクラスで習ったんですけど、
もし誰かの気持ちを傷つけたら、
一番いい治療法はただちにあやまることです…"

マーシー

"THE AVERAGE DAD NEEDS LOTS OF ENCOURAGEMENT"

Charlie Brown

"平均的な父親ってのはいろいろなはげましを必要とするものさ"

チャーリー・ブラウン

"WHEN YOU GET A COMPLIMENT, ALL YOU HAVE TO SAY IS 'THANK YOU'"

Classmate talking to Rerun

"ほめられたら「ありがとう」だけ言えばいいのよ"

クラスメートがリランに

Prudence

用心

クッキーなんかやらないぞ！
どうなるか教えてやる…

その毛布を渡さないと、君
の耳を結んで3万フィート
の上空からグランド・キャ
ニオンに落っことすぞ！

え？ これ君の毛布なの？

"IT'S A MISTAKE TO TRY TO AVOID
THE UNPLEASANT THINGS IN LIFE...
BUT I'M BEGINNING TO CONSIDER IT..."

Charlie Brown

"人生における不快なことを避けようとするのは間違ってる…
でもぼくそのことをもっと突きつめて考え始めてる…"

チャーリー・ブラウン

"I'VE GOT TO STOP THIS BUSINESS
OF TALKING WITHOUT THINKING..."

Linus

"考えなしにしゃべっちゃうのをどうにかしてやめなきゃ…"

ライナス

"A PERSON HAS TO BE CAREFUL
ABOUT THINGS HE MIGHT REGRET
YEARS FROM NOW"

Linus

"何年かあとに後悔しそうなことについちゃ注意深くなくちゃね"

ライナス

"THERE'S NO SENSE IN DOING A LOT
OF BARKING IF YOU DON'T REALLY
HAVE ANYTHING TO SAY"

Snoopy

"ほんとは何もいうことがないんだったら
ワンワンほえたってナンセンスだ"

スヌーピー

Wisdom

知　恵

これからは私、落ち着き
払って人生をわたってい
くつもりよ…

そう出来るってほんとに
思っているの？

へえ、思ってどこが悪い
のよ！

"I HAVE OBSERVED THAT WHENEVER
YOU TRY TO HIT SOMEBODY, THERE IS
A TENDENCY FOR THEM TO
TRY TO HIT YOU BACK."

Charlie Brown

"なぐろうとすると、
人にはなぐり返そうとする傾向があるってことが
観察によって分かってきた"

チャーリー・ブラウン

"WHENEVER IT'S ONE MAN AGAINST
AN INSTITUTION, THERE IS ALWAYS A
TENDENCY FOR THE INSTITUTION TO WIN!"

Charlie Brown

"一個人対組織の場合
つねに組織が勝利する傾向があります！"

チャーリー・ブラウン

"NEVER TRY TO LICK ICE CREAM OFF A HOT SIDEWALK!"

Snoopy

"夏の熱い歩道の上で
アイスクリームをなめようとしないこと！"

スヌーピー

"NEVER TRY TO EAT A SUGAR-SANDWICH
ON A WINDY DAY!"

Charlie Brown

"風の強い日に
砂糖をまぶしたパンを食べようとしないこと！"

チャーリー・ブラウン

"NEVER TAKE ANY ADVICE THAT YOU
CAN UNDERSTAND . . . IT CAN'T POSSIBLY
BE ANY GOOD!"

Lucy

"理解できるような助言はきかないこと…
ぜんぜん役に立たないにきまっているわ！"

ルーシー

"NEVER JUMP INTO A PILE OF LEAVES
HOLDING A WET SUCKER!"

Linus

"なめている最中のキャンディーもったまま
落葉の山にとびこまないこと！"

ライナス

Effort

努 力

その通り…、みんなに
春が来たって告げるの
が君の仕事だ…

#$%&<>!@<&%$#

でもそこまで詳しくや
ることはないよ！

"IF YOU DON'T PLAY EVERY DAY,
YOU LOSE THAT FINE EDGE..."

Snoopy

"毎日試合していないと切れ味がにぶるね…"

スヌーピー

"SOME OF MY BEST TERM PAPERS
HAVE BEEN WRITTEN
BEFORE BREAKFAST!"

Sally

"私の最上の学期末レポートの中には
朝飯前で書いたものがあるの！"

サリー

"NO ONE NEED EVER BE ASHAMED
OF FINGERNAILS MADE DIRTY BY
A HARD DAY'S WORK"

Linus

"一日のきつい労働でよごれた爪を恥じる必要はだれにもないね"

ライナス

"JOHN RUSKIN ONCE WROTE
'THE BEST GRACE IS THE CONSCIOUSNESS
THAT WE HAVE EARNED OUR DINNER'"

Linus

"ジョン・ラスキンいわく
「額に汗して食を得たとの自覚こそ最上の祈り」"

ライナス

"GOOD COOKIES COME
WHEN THEY'RE CALLED"

Snoopy

"いいクッキーは呼べば来るのさ"

スヌーピー

Love

愛

先輩、チャールズに
バレンタイン・カー
ドあげるんですか？

さあね…、ストレートで
三振奪える相手にバレン
タインをムダにしたくな
いし…

"IT'S AMAZING HOW STUPID
YOU CAN BE WHEN YOU'RE IN LOVE..."

Lucy

"恋をしてると、こんなにもバカになれるもんかしらね…"

ルーシー

"**GIVING**! THE ONLY REAL JOY IS **GIVING**!"

Charlie Brown

"**あたえることだよ！**ただひとつのほんとの喜びは**あたえることだ！**"

チャーリー・ブラウン

"LOVE IS NOT KNOWING WHAT
YOU'RE TALKING ABOUT"

Lucy

"恋とは自分で自分の言っていることがわからないってこと"

ルーシー

"WHEN NO ONE LOVES YOU, YOU HAVE TO
PRETEND THAT EVERYONE LOVES YOU!"

Sally

"誰にも愛されていないと、
みんなに愛されているふりしなきゃなんないのよ！"

サリー

"LOVE MAKES YOU DO STRANGE THINGS..."

Charlie Brown

"愛は人に奇妙なことをさせるもんだね…"

チャーリー・ブラウン

Life's Little Quirks

生きる味わい

ハイ、チャールズ…、今日一日君の犬を貸してくれない？

犬を借りることは出来ないよ…、お金や野球のグローブや車ならいいけど、犬はね…

知らなかったなあ…

君のパパに車貸してくれないか頼んでよ…

"A HOT DOG JUST DOESN'T TASTE RIGHT WITHOUT A BALL GAME IN FRONT OF IT!"

Charlie Brown

"野球試合が目のまえにないと
ホットドッグは本来の味がしないものなんだよ"

チャーリー・ブラウン

111

"THAT'S LIFE . . . PEOPLE GO AWAY,
AND DOGS STAY HOME . . ."

Charlie Brown

"それが人生さ…人は出かけて、犬はうちにいる…"

チャーリー・ブラウン

"I GUESS BABYSITTERS ARE LIKE
USED CARS. . . YOU NEVER REALLY KNOW
WHAT YOU'RE GETTING. . ."

Schroeder

"ベビーシッターって中古車みたいなもんだな…
どんなのが来るか分かったもんじゃない…"

シュローダー

"A WATCHED SUPPER DISH NEVER FILLS!"

Snoopy

"見つめていてもご飯皿はいっぱいになったためしがない！"

スヌーピー

"THERE'S NOTHING THAT CAN HARM
A PERSON MORE THAN TOO MUCH
FORMAL EDUCATION!"

Linus

"形式的な詰め込み教育ほど
人に害を与えるものはないね！"

ライナス

"IT'S IMPOSSIBLE TO BE GLOOMY WHEN YOU'RE SITTING BEHIND A MARSHMALLOW . . ."

Lucy

"マシュマロを前にすわってると
暗い気分になりようがないわね…"

ルーシー

"LIFE HAS ITS SUNSHINE AND ITS RAIN,
SIR. . . ITS DAYS AND ITS NIGHTS. . .
ITS PEAKS AND ITS VALLEYS. . ."

Marcie

"人生には晴れもあれば雨もあるんです、先輩…
昼もあれば夜もある…
人生山あり谷ありですよ…"

マーシー

122

"IN THE BOOK OF LIFE,
THE ANSWERS ARE NOT IN THE BACK!"

Charlie Brown

"人生という本には、
うしろのほうに答えが書いてあるわけじゃない"

チャーリー・ブラウン

125

新版　スヌーピーたちの人生案内

2022年12月31日　第1刷発行
2024年 8 月20日　第4刷発行

著　者　チャールズ・M・シュルツ
訳　者　谷川俊太郎
発行者　丹羽良治
発行所　株式会社 主婦の友社
　　　　〒141-0021
　　　　東京都品川区上大崎 3-1-1 目黒セントラルスクエア
　　　　電話 03-5280-7537（内容・不良品の問い合わせ）
　　　　　　　049-259-1236（販売）
印刷所　TOPPANクロレ株式会社

ISBN978-4-07-453747-1
Printed in Japan